MÉTHODE

ÉLÉMENTAIRE

DU DESSIN

A SON EXCELLENCE

MONSIEUR LE MINISTRE DE L'INSTRUCTION PUBLIQUE

MONSIEUR LE MINISTRE,

Par suite de la haute et intelligente impulsion aujourd'hui donnée à l'enseignement primaire, le dessin commence à prendre dans l'éducation élémentaire la place qu'il y doit avoir. Ce qui n'avait été jusqu'ici qu'un art d'agrément tend de plus en plus à devenir une connaissance indispensable.

Cependant le dessin n'a pas encore de méthode rationnelle, et son étude est difficile. Cela tient à ce que ses éléments réels étant mal classés, ce n'est pas par eux qu'on commence.

J'espère l'avoir démontré dans ce petit livre, en faisant voir en même temps combien ces éléments sont simples, et combien ils sont faciles à acquérir par les exercices que je propose, si toutefois on observe rigoureusement l'ordre dans lequel ils se suivent.

Ma méthode sans doute est loin de suffire pour faire un artiste; mais elle fait acquérir une qualité précieuse, celle de copier facilement, et donne à tous ce dont tout le monde a besoin : de la justesse dans le coup d'œil et de la sûreté dans la main.

C'est là, je crois, le but que doit se proposer d'atteindre l'enseignement primaire du dessin. En tout cas, c'est par là qu'il faut incontestablement commencer.

Veuillez, Monsieur le Ministre, agréer l'assurance des plus empressées et des plus respectueuses salutations

De votre très-humble et tout dévoué serviteur,

A. OTTIN,

Statuaire, grand prix de Rome, chevalier de la Légion d'honneur.

Paris, le 28 mai 1867.

MONSIEUR,

Je me suis fait rendre compte de votre méthode pour l'enseignement du dessin.

Sur le rapport qui m'en a été fait, j'ai décidé que cette méthode figurerait à l'Exposition, et je suis disposé, si vous le désirez, à la faire expérimenter au lycée de Mont-de-Marsan.

Recevez, monsieur, l'assurance de ma considération très-distinguée.

Le Ministre de l'Instruction publique.

Pour le Ministre et par autorisation,

Le conseiller d'État, secrétaire général,

CHARLES ROBERT.

25 août 1867.

MONSIEUR,

On est assez d'accord aujourd'hui pour reconnaître que les éléments du dessin ne sont pas, en général, enseignés d'une manière suffisamment logique, et qu'avant de demander à un enfant de reproduire une tête, par exemple, il faudrait soumettre son intelligence et sa main à une sorte de gymnastique préalable. Cette préparation pourrait se rencontrer dans le dessin linéaire bien entendu.

Dans ce sens, votre méthode, qui consiste à faire commencer le dessin de la figure ou tout autre dessin spécial par des exercices ayant pour objet d'apprendre à tracer des lignes, à les diviser, à reconnaître leur position et les angles qu'elles font, qui comprend également une démonstration des dégradations de la lumière et des ombres, peut rendre un service sensible. Elle fait naître une idée exacte du trait et de l'effet; elle dispose l'esprit à saisir les rapports de contours et de modelé qui constituent l'apparence des formes; elle prépare la main à fixer ces relations avec exactitude et rapidité.

Agréez, je vous prie, monsieur, l'assurance de mes sentiments les plus distingués.

EUGÈNE GUILLAUME,

Membre de l'Institut, directeur de l'École impériale des Beaux-Arts.

A Monsieur Ottin, statuaire, chevalier de la Légion d'honneur.

Paris. — Imprimerie P.-A. BOURDIER, CAPIOMONT FILS et Cie, rue des Poitevins, 6.

MÉTHODE

ÉLÉMENTAIRE

DU DESSIN

PAR

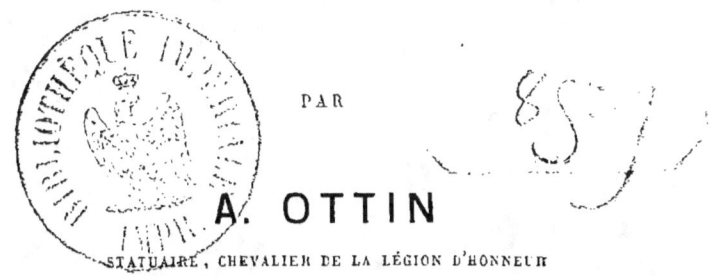

A. OTTIN

STATUAIRE, CHEVALIER DE LA LÉGION D'HONNEUR

OUVRAGE ACCOMPAGNÉ DE 66 MODÈLES DE DESSIN

PARIS

LIBRAIRIE DE L. HACHETTE ET Cie

BOULEVARD SAINT-GERMAIN, 77

—

1868

Droits de propriété et de traduction réservés.

INTRODUCTION

Toutes les professions, toutes les classes de la société ont besoin du dessin. Non-seulement les artistes, les ingénieurs, les artisans s'en servent constamment, mais il n'est pas un individu dans le monde qui, à un moment donné, ne trouve la parole et l'écriture insuffisantes pour exprimer ce qu'on désire, et ne tente de recourir au dessin pour mieux se faire comprendre et mieux exprimer sa pensée.

La pratique du dessin est donc presque aussi essentielle que celle de l'écriture ; cependant elle est loin d'être arrivée au même degré d'importance dans l'enseignement : aussi l'usage du dessin est-il très-borné et ne rend-il réellement service qu'à ceux qui en font une étude particulière.

C'est à ce besoin, à ce désir général que ce petit livre répond, en apprenant à se rendre compte de ce qu'on voit ou de ce qu'on veut figurer, et en donnant facilement le moyen de l'exprimer par le dessin.

Dans l'art du dessin, il y a deux parties entièrement distinctes, la copie et l'invention.

La première consiste à figurer sur le papier au moyen du crayon la forme d'un objet.

La seconde consiste à exprimer par le même moyen une

forme conservée dans la mémoire, ou produite par l'imagination.

La copie est une opération toute mécanique; il suffit de voir, de mesurer et de reproduire. On peut donc apprendre à copier.

L'invention, au contraire, est une faculté tout intellectuelle qu'on peut développer, mais non pas apprendre. Aussi est-ce de la première partie seule que nous allons nous occuper.

On distingue les objets naturels non-seulement par les contours extérieurs de leurs formes, mais encore par les ombres et les lumières que présentent leurs diverses saillies; ainsi l'on ne confond pas une boule d'ivoire avec un jeton, bien que tous les deux soient ronds.

A l'aide de simples traits on peut figurer la silhouette ronde de ces deux objets, mais on ne peut pas rendre l'apparence sphérique de la boule.

A l'aide de tons plus ou moins foncés on peut imiter la dégradation de la lumière qui indique la forme particulière de la boule et l'on complète ainsi la ressemblance que la silhouette seule ne donnait qu'imparfaitement.

Le dessin qu'on se propose de faire sera donc formé de simples traits, si l'on veut simplement figurer les silhouettes extérieures des objets; mais ces traits devront être complétés par des teintes de valeurs différentes, si l'on veut que ce dessin ait la réelle apparence de la nature.

Remarquons aussi que lorsque nous voyons un objet rapproché de nous, nous pouvons le toucher, le mesurer et reporter ensuite facilement ces mesures sur la copie que nous en voulons faire, surtout si cet objet présente une forme facilement mesurable, comme un jeton, par exemple ; mais il n'en est pas de même pour la boule, à cause de la saillie particulière de sa forme. D'ailleurs le plus souvent il est impossible non-seulement de mesurer l'objet à copier, mais encore de s'en approcher. C'est pourquoi il faut apprendre à l'œil à juger et à mesurer à distance.

Comme il est beaucoup plus facile de se rendre compte d'une surface plate, supposons que nous ayons un dessin à reproduire.

Ce dessin est formé de lignes toutes différentes : les unes sont droites, les autres sont courbes ; elles sont plus ou moins longues, plus ou moins écartées ; enfin elles se croisent en faisant toutes sortes d'angles.

Il nous faudra donc pour copier ce dessin :

1° Voir si une ligne est droite ou courbe et pouvoir tracer l'une ou l'autre.

2° Voir si une ligne est plus ou moins longue qu'une autre, si ces deux lignes sont plus ou moins espacées ; et pouvoir alors mesurer et reproduire ces différentes relations.

3° Voir si les lignes sont dans la même direction ou si elles forment des angles, et pouvoir reproduire ces mêmes directions et ces mêmes angles.

Voilà trois séries d'opérations bien distinctes, et c'est tout ce que comporte le dessin au trait.

Maintenant si, au lieu d'un dessin au trait, nous voulons nous rendre compte d'un objet naturel, ou d'un dessin ayant l'apparence réelle de la nature, nous verrons que les silhouettes des objets sont non-seulement limitées par des traits, mais que des teintes d'ombres, plus ou moins foncées, y représentent et font comprendre les saillies des formes et les places relatives des objets entre eux.

Il faut donc que nous puissions discerner les différentes valeurs de lumière et d'ombre, et pour les représenter, que nous puissions renforcer un ton du clair au foncé, ou l'abaisser du foncé au clair en passant par toutes les dégradations de valeur, depuis le noir de notre crayon jusqu'au blanc de notre papier.

Ainsi, ce que nous avons à apprendre se résume en deux parties distinctes : la première comprend le Tracé ou le trait, qui, comme nous l'avons vu, se subdivise en :

1° Étude des lignes ;

2° Étude des mesures ;

3° Étude des angles.

La seconde comprend le Ton et toutes ses valeurs, c'est-à-dire les diverses dégradations d'ombre et de lumière, et les différences de ton du blanc au noir et du noir au blanc.

Voilà tout ce qui constitue les principes élémentaires du dessin.

MÉTHODE

ÉLÉMENTAIRE

DU DESSIN

AVERTISSEMENT PRÉALABLE

Toute forme pouvant se décomposer en lignes droites, la ligne droite est la base fondamentale du dessin, et le sentiment de la rectitude (de *rectus,* droit) la première chose à acquérir.

Mais, pour un commençant, une feuille de papier blanc c'est le vide, c'est le désert à traverser sans boussole ; il faut donc lui donner les moyens de se diriger lui-même et de s'assurer que la ligne qu'il trace est droite ou ne l'est pas.

Pour cela trois instruments auxiliaires lui sont nécessaires : 1° une ardoise réglée ; 2° un transparent ; 3° du papier quadrillé.

Une pointe que l'élève devra conduire sur l'ardoise réglée, et non pas traîner (ceci est important), donnera à sa main le sentiment de la rectitude.

Un transparent lui viendra ensuite en aide ; mais la pointe du crayon n'étant plus guidée par le léger sillon de l'ardoise, il lui faudra une attention particulière pour s'apercevoir s'il dévie ou non de la ligne qu'il doit suivre sur ce transparent.

Il devra redoubler d'attention en passant dans les interlignes ; cependant, ses guides au-dessus et au-dessous seront si rapprochés qu'il lui sera facile de voir ses écarts.

La main suffisamment préparée par ces différents exercices, apprenons-lui maintenant à faire une ligne droite.

A moins d'une habileté exceptionnelle, on ne fait pas d'un seul coup une longue ligne parfaitement droite ; les plus habiles s'y reprennent à plusieurs fois, en ajoutant de petites lignes à la suite l'une de l'autre; si donc, au moyen d'un papier quadrillé, on trace bout à bout un certain nombre de petites lignes, elles constitueront une ligne droite puisqu'elles suivront toutes exactement la même direction.

L'élève commence donc par remplir ainsi la première ligne du papier quadrillé en s'arrêtant à chaque division (voir les exercices préparatoires); puis il ne s'arrête plus que de deux en deux divisions, puis de trois en trois, etc., jusqu'à ce qu'il arrive à faire passablement une ligne droite de toute la longueur du papier. Il laisse ensuite des lacunes entre chaque trait : cela lui donnera de plus en plus le sentiment de la rectitude, et puis il passe de la même façon dans les interlignes. Après avoir fait ces exercices dans différents sens, il abordera l'exercice premier sur le papier blanc.

Le papier quadrillé a plusieurs avantages; d'abord il oblige l'élève à l'attention, ce qui n'est pas toujours facile à obtenir. En faisant des lignes sans s'arrêter l'opération deviendrait machinale et l'attention s'engourdirait, tandis qu'avec le papier quadrillé cela n'est pas à craindre, puisqu'il faut avoir soin de s'interrompre de temps en temps sous peine de manquer l'exercice, d'avoir une ligne incorrecte. C'était si facile, se dit l'élève, et ça n'est pas fait! Il sent la nécessité d'être attentif et finit par en prendre l'habitude.

Un autre non moins grand avantage de l'emploi du papier quadrillé, c'est de préparer sans fatigue l'œil et l'esprit aux mesures et proportions. Obligé de toujours compter et comparer des portions égales ou ayant un rapport voulu, l'élève finit par acquérir le sentiment de la division, comme il a déjà acquis celui de la direction.

Il en sera de même lorsqu'il s'agira des teintes dans la seconde partie de la méthode; l'élève s'étant exercé dans la première à faire des remplissages plus ou moins étendus, il saura suffisamment manier le crayon pour faire une teinte plate sans grande difficulté.

Ceci, du reste, est un des moyens de cette méthode : faire apprendre d'avance, sans qu'on s'en aperçoive, à vaincre les difficultés de la tâche qu'on a à remplir.

PREMIÈRE PARTIE

DU TRAIT

PREMIÈRE SÉRIE

LES LIGNES

EXERCICE PRÉPARATOIRE

1° Sur une ardoise sillonnée de lignes droites peu profondes, exercez-vous à suivre les sillons avec une pointe, afin de donner à votre main le sentiment de la rectitude.

2° Prenez un transparent bien marqué et bien correct, couvrez-le d'une feuille de papier blanc. Menez très-attentivement un crayon sur les lignes du transparent que vous apercevez à travers votre papier, de manière à les reproduire sur ce papier avec le crayon.

Arrivé au bas de la feuille, tirez de nouvelles lignes dans les intervalles de celles déjà tracées, comme l'indiquent les lignes ponctuées, en ayant soin que tous les intervalles entre les lignes soient égaux. Arrêtez-vous chaque fois que vous vous apercevez que votre crayon dévie de la ligne que vous voulez suivre ou que vous voulez tracer, et ramenez-le sur cette ligne pour aller droit jusqu'à son extrémité.

3° Prenez une feuille de papier quadrillé. Suivez une ligne au crayon ou à l'encre en vous arrêtant à chaque division de cette ligne, levant le crayon ou la plume et vous reprenant de manière à ne pas laisser voir le point de jonction des petites lignes.

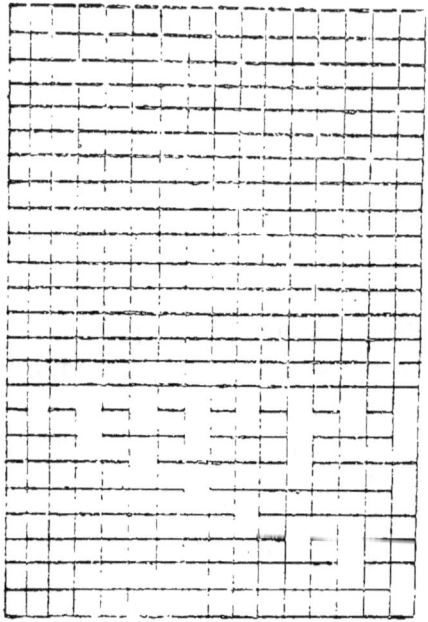

Ensuite vous vous arrêterez de deux en deux divisions; puis de trois en trois, etc., jusqu'à ce qu'on suive facilement le tracé d'une ligne entière.

Enfin, tirez de petites lignes en laissant des intervalles égaux entre chacune d'elles.

Ces lacunes dans le tracé des lignes habitueront votre œil et votre main à la direction et à la rectitude.

Ces exercices, bien que très-simples, sont néanmoins de la plus haute importance, vous devez longtemps commencer par eux chaque leçon; car le dessin n'est, en définitive, que la faculté de conduire une ou plusieurs lignes comme on le veut et où on le veut.

PREMIER EXERCICE

TRACER DES LIGNES DROITES

Commencez toutes vos leçons par passer attentivement une pointe sur l'ardoise réglée et sur le transparent, afin de vous faire la main.

Tracez ensuite avec le crayon, sur le papier ou sur le côté non réglé de l'ardoise, dans le sens de la *fig.* 1, une ligne aussi droite que possible, que vous rectifierez à l'aide d'une règle ou d'un fil tendu. Lorsque votre ligne sera corrigée, vous en tracerez d'autres parallèlement (1), que vous rectifierez également jusqu'à ce que vous soyez arrivé au bas de la page.

Fig. 1

Tirez ainsi des lignes dans tous les sens indiqués *fig.* 2, 3, 4.

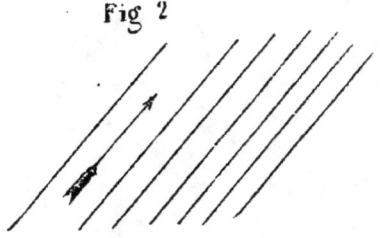

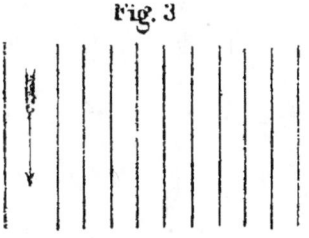

(1) Parallèlement, parallèle, c'est-à-dire allant juste dans le même sens. Ainsi, deux lignes sont dites parallèles entre elles lorsqu'elles sont également distantes l'une de l'autre et ne peuvent jamais se rencontrer de quelque longueur qu'on les prolonge.

Il est très-important de vous assurer de la justesse de chaque

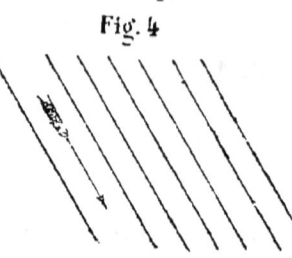

Fig. 4

ligne à mesure que vous les ferez, en y appliquant la règle ou le fil tendu , et de corriger les tracés défectueux.

L'attention que vous donnerez à cet exercice vous fera vite acquérir la sûreté d'œil et de main suffisante pour vous rendre les exercices suivants plus faciles et plus fructueux.

DEUXIÈME EXERCICE

MENER UNE LIGNE DROITE D'UN POINT A UN AUTRE

On commence par marquer les points *a b*, que l'on joint par une ligne. Puis on vérifie sa rectitude avec la règle, *fig.* 1.

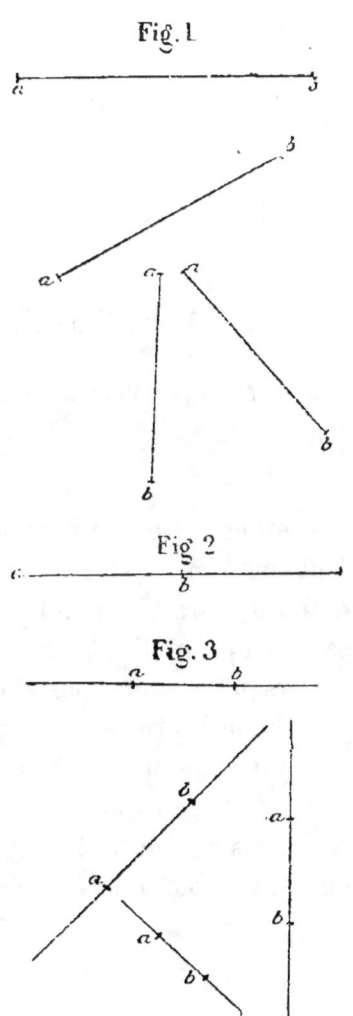

On recommence cet exercice jusqu'à ce qu'on soit parvenu à tracer entre les deux points une ligne parfaitement droite.

On fera cet exercice dans tous les sens indiqués, afin de se rendre capable de mener un trait partout où l'on voudra.

A mesure qu'on devient plus habile, on espace de plus en plus les points *a b*.

Puis on prolonge la ligne au delà du point *b*, *fig.* 2, toujours en appliquant la règle pour s'assurer qu'on va droit, et enfin on commence la ligne avant le point *a* et l'on dépasse le point *b*, *fig.* 3.

On a toujours le soin de disposer les deux points dans toutes les directions, et de corriger, à l'œil autant que possible, et définitivement à la règle, les lignes défectueuses.

Plus on sera sévère avec soi-même en commençant, plus vite on arrivera à la justesse du coup d'œil et de la main.

On terminera cette série d'exercices en traçant correctement des lignes *horizontales, verticales* et *obliques.*

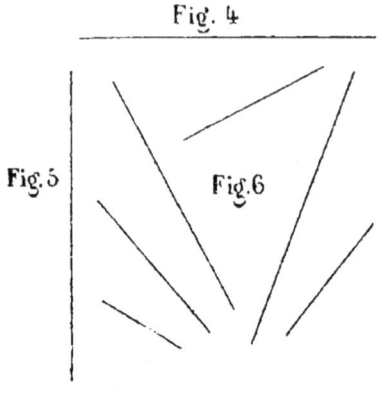

Fig. 4

Fig. 5

Fig. 6

L'*horizontale* est une ligne droite qui va dans le sens de l'horizon ou du niveau d'eau (*fig.* 4).

La *verticale* est une ligne droite qui suit la direction du fil à plomb (*fig.* 5).

Les lignes qui ne sont ni horizontales ni verticales sont des lignes obliques dans quelque sens qu'elles soient (*fig.* 6).

Ainsi, toute ligne horizontale est parallèle à l'horizon; toute ligne verticale est parallèle au fil à plomb.

Le nombre des obliquités différentes des lignes est infini.

Il est essentiel, en commençant, de faire ces exercices avec lenteur, afin de se rendre maître absolu de sa main. Jeter d'abord le trait à main levée ce serait livrer le succès au hasard. La promptitude arrive peu à peu avec l'habileté.

Lorsqu'on saura passablement faire ces exercices sur le papier, on les répétera en grand à main levée sur le tableau, en ayant toujours le soin de se corriger et de se rectifier comme sur le papier. Il faut arriver à faire juste du premier coup, mais il ne faut jamais quitter une opération que lorsqu'elle est tout à fait juste.

SECONDE SÉRIE

MESURES ET PROPORTIONS

TROISIÈME EXERCICE

DIVISION ET SUBDIVISION DES LIGNES ET DE L'ESPACE EN PARTIES ÉGALES

1ʳᵉ SECTION. — DIVISION DES LIGNES.

1° *Diviser en deux.*

On trace d'abord la ligne droite *a b*, puis on cherche à l'œil le point *c*, que l'on croit être le milieu de la ligne.

Fig.1

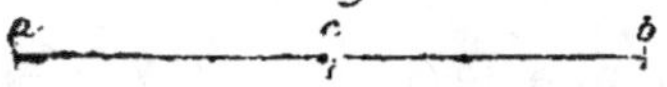

Pour s'assurer si le point *c* divise bien la ligne *a b* en deux parties égales, on se sert d'un compas ou à défaut d'une petite bande de papier sur laquelle on marque la division *a c*; puis en reportant *a c* de la bande sur *c b*, seconde partie de la ligne, on voit si ces deux divisions sont égales.

S vous subdivisez les parties *a c* et *c b* chacune en deux parties égales, vous aurez une ligne A B (*fig.* 2) partagée en quatre parties égales. En continuant à subdiviser ainsi chacune des nouvelles parties, vous obtiendrez 8, 16, 32 divisions, etc.; en un mot, tous les nombres multiples de deux.

Fig. 2

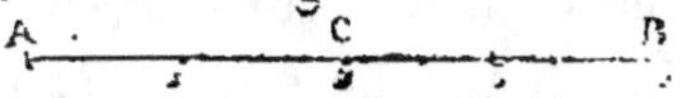

2° *Diviser en trois.*

Après avoir fait la ligne A B (*fig.* 3), cherchez à déterminer à l'œil le premier tiers *c*, puis le second *d*, et vous ne marquerez

2

les points *c* et *d* qu'après vous être assuré au moyen du compas ou de la bande de papier de l'exactitude de ces divisions.

Maintenant, si vous divisez chacun des tiers A *c*, *c d*, *d* B par trois, vous aurez la ligne A B divisée en 9. En subdivisant chaque neuvième de A B vous obtiendrez 27, et en continuant de la même manière, vous aurez tous les multiples de trois.

Si vous combinez les divisions par deux et par trois, vous obtiendrez le nombre six.

Vous partagez une ligne A B en douze parties égales en la divisant d'abord par deux, *c*; vous subdivisez chacune de ces moitiés en deux également, ce qui vous donne des quarts, A *d*, *d c*, *c e*, *e* B; et en divisant chacun de ces quarts en trois parties égales, votre ligne est divisée, comme vous le vouliez, en douze parties.

3° *Diviser en cinq.*

Procédez comme précédemment, c'est-à-dire cherchez par tâtonnements et comparaison l'égalité des parties, et quand vous croirez l'avoir trouvée, vérifiez avec le compas ou le papier, et rectifiez-vous jusqu'à ce que vous soyez arrivé juste.

Ainsi, pour partager la ligne A B en cinq parties égales, cherchez à l'œil les points *c*, *d*, *e*, *f*, mais ne marquez définitivement ces distinctions que lorsque vous serez sûr de l'exactitude de votre opération.

Pour diviser une ligne en dix parties égales, vous la partagez d'abord en deux, puis vous divisez chacune de ces moitiés en cinq parties.

Vous obtiendrez de la même façon tous les nombres divisibles par deux, par trois et par cinq.

4° *Diviser par sept.*

Vous obtiendrez la division par sept par les mêmes tâtonnements, comparaisons et vérifications que vous avez obtenu les divisions précédentes en deux, trois et cinq parties. Il est inutile de répéter que vous pouvez avoir une infinité d'autres divisions en subdivisant par deux, trois, cinq, sept, etc., chacune de celles qu'on a déjà.

2ᵉ SECTION. — DIVISION DE L'ESPACE.

Diviser l'espace compris entre deux points donnés.

La ligne la plus courte d'un point à un autre étant la ligne droite, toutes les divisions exactes de l'espace entre ces deux points doivent nécessairement se trouver sur cette ligne droite

On marque d'abord l'espace à diviser par les deux points *a* et *b*. Puis on indique légèrement avec le crayon le point qu'on suppose être le milieu cherché. On s'assure ensuite avec la règle si ce point est bien sur le parcours de la ligne droite, et avec le compas s'il occupe le milieu de cette ligne. C'est alors qu'on marque définitivement le point *c*, qui divise bien en deux parties égales l'espace compris entre les deux points donnés *a* et *b*.

On divisera ensuite l'espace entre deux points donnés en trois, c ---- 7 --- 7 --- 7 --- 7 --- 5   puis en cinq,

a ---- 7 -- 7 --- 7 --- 7 --- 7 --- 7 -- 7   puis en sept parties égales,

en s'y prenant de la même façon.

De même qu'il était bon de faire des lignes en tous sens, il est bon de s'habituer à diviser les lignes et les espaces dans tous les sens possibles.

Il est toujours indispensable de ne jamais quitter une opération sans l'avoir vérifiée et rectifiée, s'il y a lieu.

Il est ordinairement très-difficile de diviser une ligne en parties égales par les nombres impairs qui ne sont divisibles que par l'unité, tels que cinq, sept, onze, treize, dix-sept, dix-neuf, etc. ; mais on la divise très-facilement par le nombre pair qui précède ou par celui qui suit, attendu que ce nombre est toujours divisible ou par deux ou par trois. Par exemple, il serait très-difficile et surtout très-long de partager une ligne par le nombre 97, qui n'est, lui, divisible que par l'unité; mais 96 se partagerait facilement, puisqu'il est presque exactement divisible par doux. En effet, la moitié de 96 est de 48, dont la moitié est de 24, dont la moitié est de 12, puis de 6, puis de 3, qui n'est plus divisible que par l'unité. Ainsi, au moyen de cinq divisions successives en deux et une dernière en trois, on obtient le quatre-vingt-seizième d'une ligne. Ces rapports entre les nombres pairs et impairs sont toujours les mêmes que ceux qui existent entre la moitié et le tiers, le tiers et le quart, dont voici les rapports.

Si l'on divise la moitié d'une mesure en trois parties égales, et

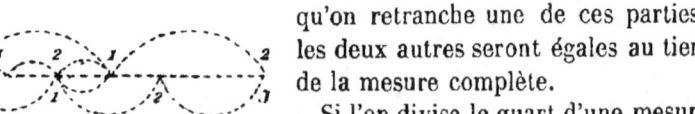

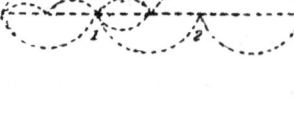

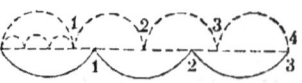

qu'on retranche une de ces parties, les deux autres seront égales au tiers de la mesure complète.

Si l'on divise le quart d'une mesure en trois parties et si l'on ajoute une de ces parties au quart entier, ce quart, augmenté d'un tiers de quart, sera égal au tiers de la mesure complète.

On voit que dans le premier cas on a divisé la partie par le nombre diviseur de l'entier, et qu'on a retranché une des fractions de cette partie pour avoir le diviseur du tout.

Dans le second cas, on a également divisé la partie par le nombre diviseur, et l'on a ajouté une fraction à la partie pour obtenir le diviseur de l'entier.

Donc on peut dire :

1° Si l'on divise une ligne ou un espace par le nombre pair précédant le nombre diviseur, il faudra subdiviser la partie par ce même nombre et retrancher une des fractions pour avoir le diviseur de l'entier;

2° Si l'on divise par le nombre pair suivant le nombre diviseur, il faudra subdiviser également la partie par ce nombre et augmenter la partie d'une de ses fractions.

L'une ou l'autre opération donnera le diviseur cherché. (Voir l'*Atlas*, planche 29).

QUATRIÈME EXERCICE

REPORTER UNE MESURE DANS TOUTES LES DIRECTIONS

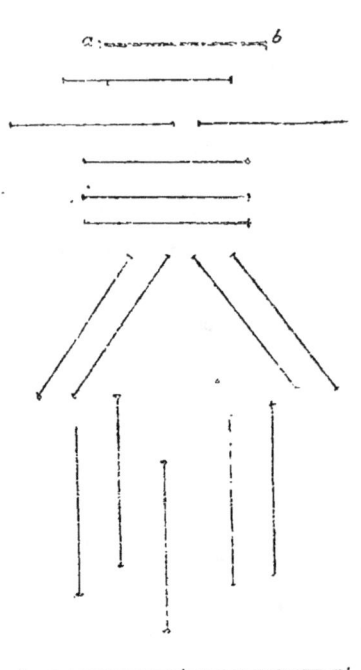

On se donne d'abord une mesure quelconque *a b*.

Puis on reporte cette mesure :

1° Horizontalement ;

2° Parallèlement ;

3° Obliquement ;

4° Verticalement.

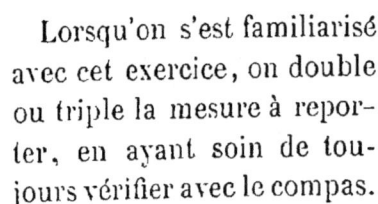

Lorsqu'on s'est familiarisé avec cet exercice, on double ou triple la mesure à reporter, en ayant soin de toujours vérifier avec le compas.

Enfin, on ne prend que la moitié ou une partie déterminée de la mesure.

On s'assure chaque fois, avec le compas ou la bande de papier, de la justesse de la mesure rapportée, puis on a soin aussi de varier la longueur de la mesure à reporter.

CINQUIÈME EXERCICE

DIVISER UNE LIGNE PAR UNE OU PAR PLUSIEURS AUTRES LIGNES

D'un point donné a (*fig. 1*), pris en dehors d'une ligne $b c$,
mener une autre ligne $a e$ qui partage $b c$ en deux parties égales.
Puis en mener deux qui divisent $b c$ en trois parties.

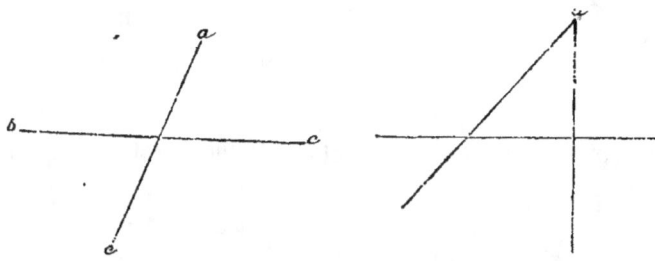

Puis trois, puis quatre, puis cinq, qui divisent les lignes $b c$
en quatre, cinq, six et sept parties égales.

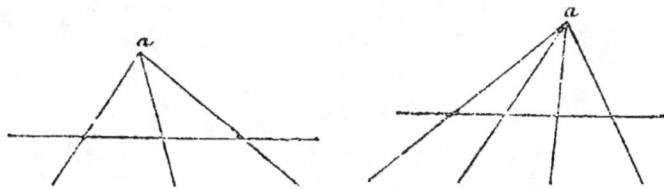

Puis on variera la direction de la ligne à diviser et la place
du point de départ a, qu'on éloignera de plus en plus.

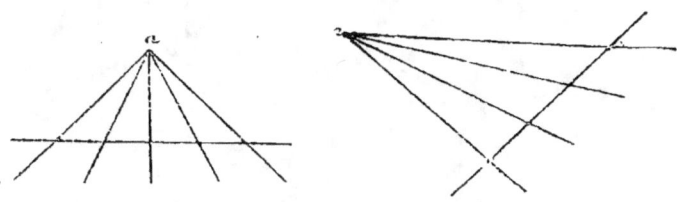

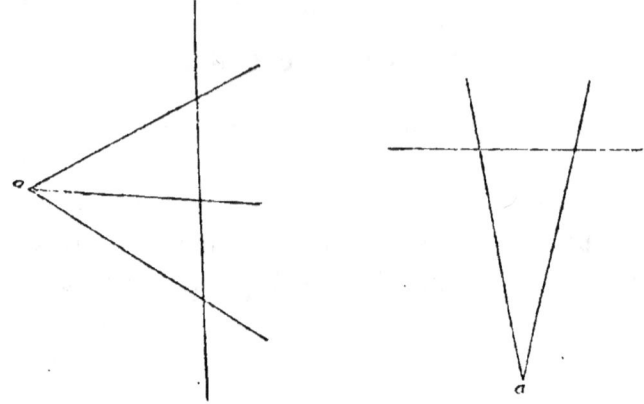

Les points où deux lignes se coupent se nomment sections ou points d'intersection.

TROISIÈME SÉRIE

LES ANGLES

Lorsque deux lignes se coupent, elles forment ce qu'on appelle des angles.

Si nous coupons la ligne *a b* (*fig.* 1) par une perpendiculaire *c d* (1), ces deux lignes forment au point d'intersection quatre angles égaux, *a e c — c e b — b e d — d e a*, appelés angles droits.

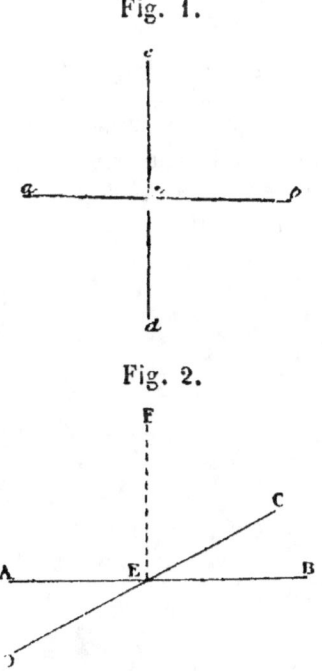

Fig. 1.

Fig. 2.

Deux lignes se coupant de toute autre manière forment également quatre angles, mais qui ne sont pas égaux (*fig.* 2).

En supposant une perpendiculaire F élevée au-dessus du point de section E, nous voyons que la ligne E C est plus écartée de la ligne A E que la perpendiculaire E F, et cette même ligne E C est moins écartée de la portion E B que la perpendiculaire F E.

Voilà donc deux angles C E B et A E C parfaitement distincts : l'un A E C parce qu'il est plus ou-

(1) On appelle perpendiculaire une ligne tombant sur une autre, ou d'une autre ligne, sans pencher ni d'un côté ni d'un autre sur cette autre ligne. (Voir sixième exercice.) Toutes lignes faisant angle droit sont perpendiculaires entre elles. La ligne verticale est perpendiculaire à la ligne horizontale.

vert que l'angle droit A E F, toujours le même, et l'autre C E B, parce qu'il est moins ouvert que l'angle droit F E B.

L'angle A E C, ainsi que tout angle plus ouvert que l'angle droit, s'appelle angle obtus ou angle ouvert.

L'angle B E C, comme tout angle moins ouvert que l'angle droit, s'appelle angle fermé ou angle aigu.

Ainsi, il n'y a que trois espèces d'angles formés par des lignes droites :

L'angle droit ;
L'angle obtus ou ouvert ;
L'angle aigu ou fermé.

Le point de jonction de deux lignes formant un angle se nomme sommet de l'angle : ainsi le point *e* de la *fig.* 1 est le sommet des angles droits *a e c — c e b — b e d — d e a ;* le point E de la *fig.* 2 est le sommet des angles obtus A E C — B E D et des angles aigus C E B — A E D.

SIXIÈME EXERCICE

ANGLES DROITS, LIGNE PERPENDICULAIRE OU D'ÉQUERRE

On trace d'abord une ligne $a\,b$, puis on abaisse une perpendiculaire $e\,c$, qui forme avec $a\,b$ deux angles droits (*fig.* 1).

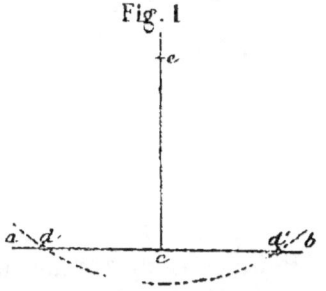

Fig. 1

On s'assure avec l'équerre, et mieux avec le compas, de la perpendicularité de la ligne et de la justesse de ces angles. Pour cela, on place une des pointes du compas en c, sommet des angles; avec l'autre pointe on marque les deux points $d\,d'$; puis d'un point quelconque e, pris à volonté sur c, on mesure avec le compas les deux distances $e\,d$, $e\,d'$. Si les deux points $d\,d'$ sont également distants du point e, la ligne $e\,c$ est d'équerre ou perpendiculaire sur $a\,b$, et les deux angles $a\,c\,e$, $e\,c\,b$, sont bien des angles droits.

Pour s'assurer de l'exactitude de l'opération avec l'équerre, on ajuste une règle sur la ligne $a\,b$, et faisant glisser l'équerre sur cette ligne, si la perpendiculaire $e\,c$ coïncide avec l'équerre, c'est que l'opération est juste.

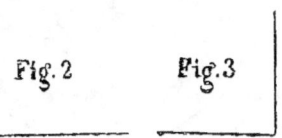

Fig. 2   Fig. 3

On fera ensuite un angle droit à l'extrémité gauche d'une ligne (*fig.* 2); puis une autre à l'extrémité droite (*fig.* 3); puis dans toutes les directions (*fig.* 4).

On vérifiera toujours avec l'équerre ou le compas la justesse des angles.

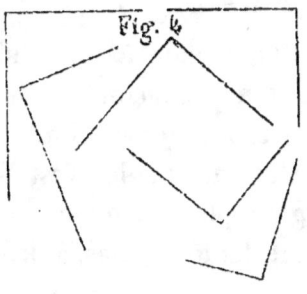

Fig. 4

SEPTIÈME EXERCICE

REPRODUIRE D'AUTRES ANGLES QUE L'ANGLE DROIT

On forme d'abord un angle quelconque B A B' (*fig.* 1 et 2), ensuite on le copie *b a b'*; puis on s'assure de l'exactitude des deux angles B A B', *b a b'*.

Fig. 1.

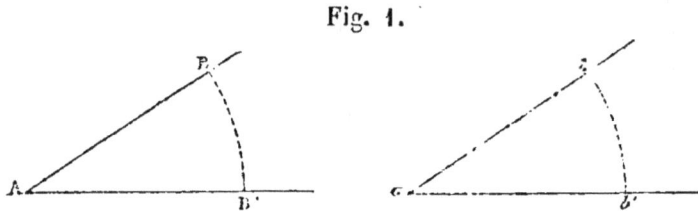

Pour cela on appuie une des pointes de l'instrument au sommet de l'angle A; on ouvre le compas à volonté pour marquer les points B B' bien juste à la même distance du point A; on reporte cette même mesure sur les côtés *a b*, *a b'* de l'angle copié, et l'on mesure ensuite l'écartement *b b'*, qui doit être égal à B B'.

Fig. 2.

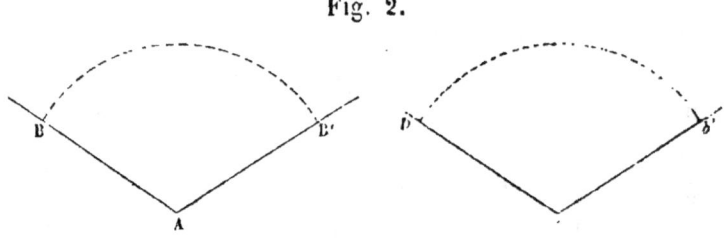

Que l'angle à reproduire soit aigu ou obtus, on procède de la même façon.

A chaque opération, on devra varier la disposition et l'ouverture de l'angle, c'est-à-dire faire des angles plus ou moins aigus, plus ou moins obtus, et placer le sommet tantôt en haut, tantôt en bas, à droite ou à gauche, etc.

(Voir l'appendice du douzième exercice, *Mesure du cercle*, p. 45.)

HUITIÈME EXERCICE

REPRODUIRE UN TRIANGLE

Le triangle est une figure géométrique formée par trois lignes droites donnant trois angles.

Il y a plusieurs espèces de triangles.

1° Le triangle équilatéral, qui a les trois côtés et les trois angles égaux. Équilatéral vient des mots latins *œquus*, semblable, *latus*, côté.

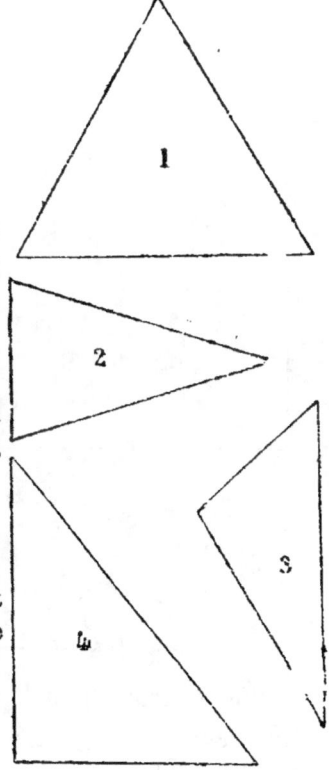

2° Le triangle isocèle, qui n'a que deux côtés et deux angles égaux, des mots grecs ἴσος, égal, et σκέλος, jambe.

3° Le triangle scalène, qui a les trois côtés et les trois angles inégaux, du mot grec σκαληνός, boiteux.

4° Enfin, le triangle rectangle (du mot latin, *rectus*, droit), qui a un angle droit.

OPÉRATION.

Pour copier un triangle scalène A B C, on détermine la base *a b* du triangle à faire, égale à A B du triangle à copier;

puis on reproduit l'angle B en *b*, comme il a été dit précé-

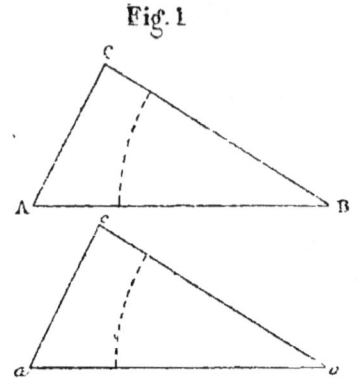

Fig. 1

demment; on reporte en-
suite la longueur B C en
b c et l'on ferme son triangle par la ligne *c a*, qui
doit être égale à C A du
premier triangle. On me-
sure ensuite les angles
B A C, *b a c* et B C A, *b c a*,
qui, si l'opération est
juste, doivent être égaux
dans les deux triangles.

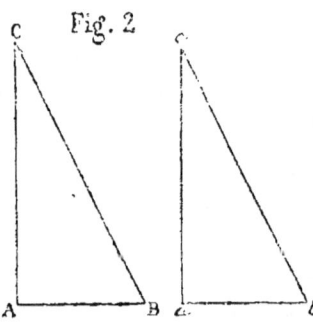

Fig. 2

Pour reproduire un triangle
rectangle A B C (*fig.* 2), on fait
d'abord l'angle droit *a*, puis on
reporte la longueur A B en *a b*,
puis la longueur A C en *a c*, et
l'on ferme le triangle par la ligne
c b, égale à C B, du triangle qu'on
copie.

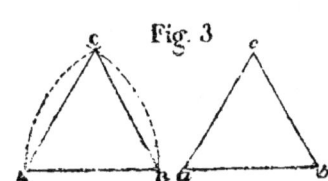

Fig. 3

Un triangle équilatéral ayant
les trois côtés égaux, on copie la
longueur d'un des côtés, que l'on
prend comme base A B — *a b*
(*fig.* 3); puis on cherche à reporter
cette même mesure au point *c*,

qui doit se trouver juste au-dessus du milieu de cette base et
également distant des points *a* et *b*, ce que vous vérifierez
avec le compas.

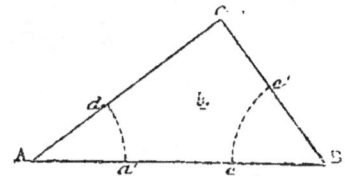

Pour augmenter ou réduire un triangle, il suffit simplement d'augmenter également ou de diminuer également la longueur de chacun de ses côtés, sans modifier en aucune façon l'ouverture des angles. Ainsi, les trois triangles nᵒˢ 4, 5 et 6, sont exactement les mêmes quant aux rapports des angles, les côtés seuls diffèrent : le nᵒ 5 a ses côtés moitié moins longs que ceux du nᵒ 4 ; dans le nᵒ 6, ils sont, au contraire, du double de longueur.

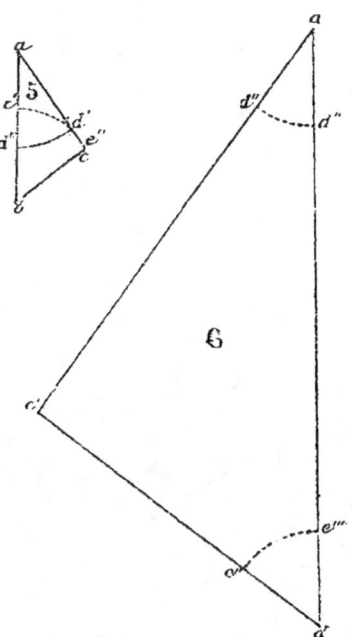

NEUVIÈME EXERCICE

REPRODUIRE UN QUADRILATÈRE

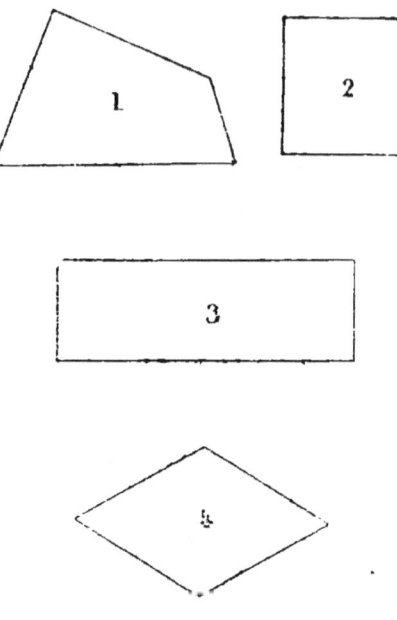

On appelle quadrilatère une figure géométrique ayant quatre côtés et quatre angles, n° 1, n° 2, n° 3, n° 4.

Ainsi, le carré parfait, n° 2, dont les quatre angles sont droits et les quatre côtés sont égaux, est un quadrilatère, de même que les figures suivantes.

Le carré long, n° 3, est un parallélogramme rectangle dont les quatre angles sont droits, et les côtés opposés parallèles.

Le losange, n° 4, a ses quatre côtés égaux, mais ses quatre angles ne sont pas droits; les angles opposés sont égaux entre eux.

OPÉRATION.

Soit à copier le quadrilatère A B C D (*fig.* 1). On trace d'a-

Fig. 1

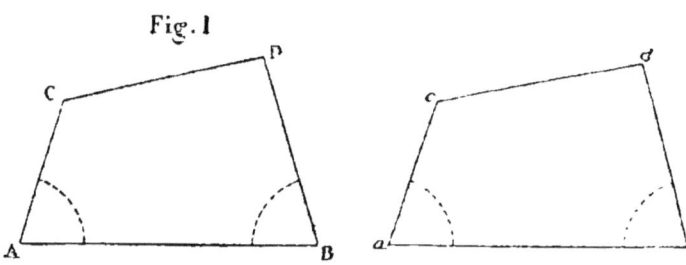

bord la ligne *a b* égale à A B; on fait ensuite les angles *a* et *b* égaux aux angles A et B, comme il a été dit précédemment;

puis on reporte les longueurs A C et B D en *a c* et *b d*, et l'on ferme le quadrilatère par la ligne *c d*, qui, si l'opération est juste, doit être de la même longueur que C D du quadrilatère à copier.

Dans la *fig.* 2, on voit que la ligne A B est parallèle à la ligne C D et que les angles A et C sont des angles droits.

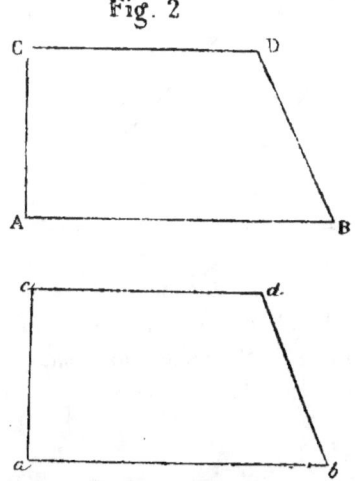

Fig. 2

Pour reproduire cette figure, on commence par faire l'angle droit *a*, puis on fait les lignes *a b* et *a c* de même longueur que A B et A C; on mène ensuite la ligne *c d* bien parallèle à *a b* et de même longueur que C D; puis on ferme le quadrilatère par la ligne *d b*, qui doit être juste de la même longueur que D B.

On augmente ou diminue un quadrilatère exactement de la même manière que le triangle, en augmentant ou diminuant également toutes les lignes, mais conservant bien rigoureusement la mesure des angles.

Que dans toutes ces opérations la règle, le compas et l'équerre vous prouvent toujours la rectitude des lignes, l'exac · titude des mesures et l'égalité des angles. C'est une recommandation sur laquelle on ne saurait trop insister.

Toute figure géométrique circonscrite par des lignes droites s'appelle *polygone* (du grec *polus*, plusieurs, et *gónia*, angle). Ainsi, le triangle et le quadrilatère sont des polygones ayant l'un trois angles et l'autre quatre. Mais on n'emploie la dénomination générale de polygone que pour les figures qui ont plus de quatre angles.

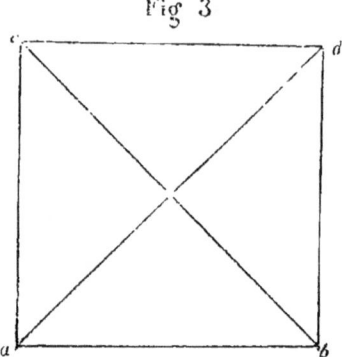

Fig 3

Un polygone de cinq angles s'appelle *pentagone* (du mot grec *pente*, cinq).

Un polygone de six angles s'appelle *hexagone* (de *ex*, six).

Un polygone de sept angles s'appelle *heptagone* (de *epta*, sept).

Un polygone de huit angles s'appelle *octogone* (*okto*, huit), etc.

Les lignes *a d. b c*, qui coupent un polygone en joignant deux angles opposés, s'appellent *diagonales*. (Voir le carré, *fig.* 3.)

QUATRIÈME SÉRIE

LIGNES COURBES

___

DIXIÈME EXERCICE

FAIRE UN QUART DE CERCLE

Établissez premièrement un angle droit figure 1. Du sommet A de cet angle faites les deux lignes B B' de même longueur; puis, du même point A, tracez autant de lignes A *b* que vous voudrez entre B et B'; reportez la longueur A B sur toutes les lignes intermédiaires A *b*, A *b*, etc., toujours en partant du point A; puis, plaçant en ce point A une pointe de compas et ouvrant l'autre jusqu'en B, promenez cette pointe de B en B', et si vos mesures sont bien reportées, vous

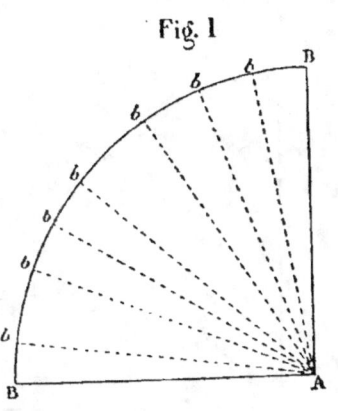

Fig. 1

verrez cette pointe mobile passer alternativement par tous les points intermédiaires *b*, *b*, *b*, *b*, *b*, etc. Vous tracez ensuite avec le crayon la ligne parcourue par la pointe mobile du compas et vous avez ainsi une courbe qui est toujours à la même distance d'un même point; cette courbe est le quart de la circonférence du cercle.

Pour plus de facilité, vous devez d'abord vous donner le

plus de points intermédiaires possibles; vous vous en donnerez ensuite de moins en moins à mesure que vous deviendrez plus habile, en suivant l'ordre des figures 2, 3, 4 et 5.

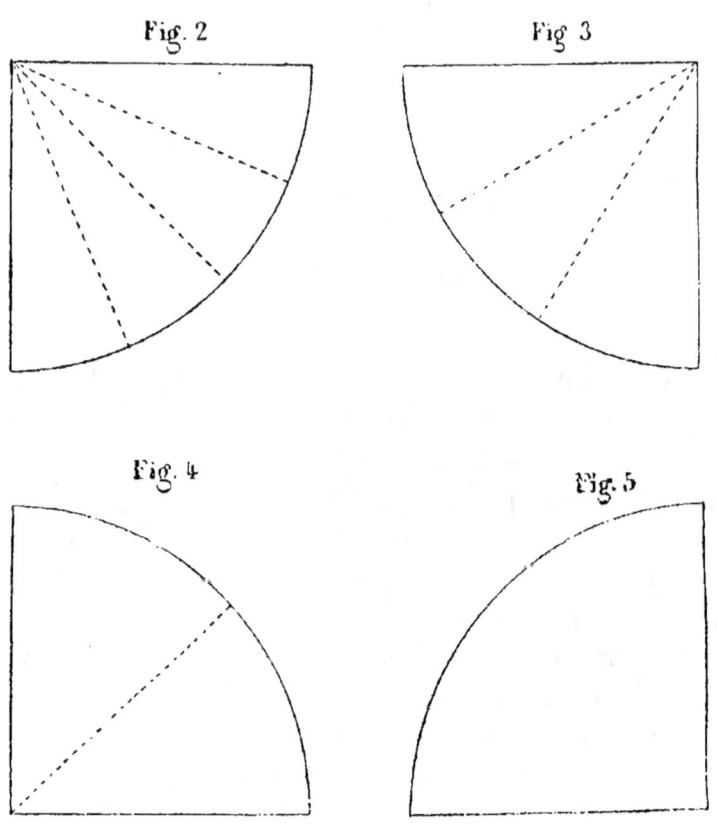

Fig. 2   Fig 3

Fig. 4   Fig. 5

ONZIÈME EXERCICE

FAIRE UN DEMI-CERCLE

Quand vous serez maître de l'exercice précédent, il vous sera facile, par le même moyen, de faire un demi-cercle.

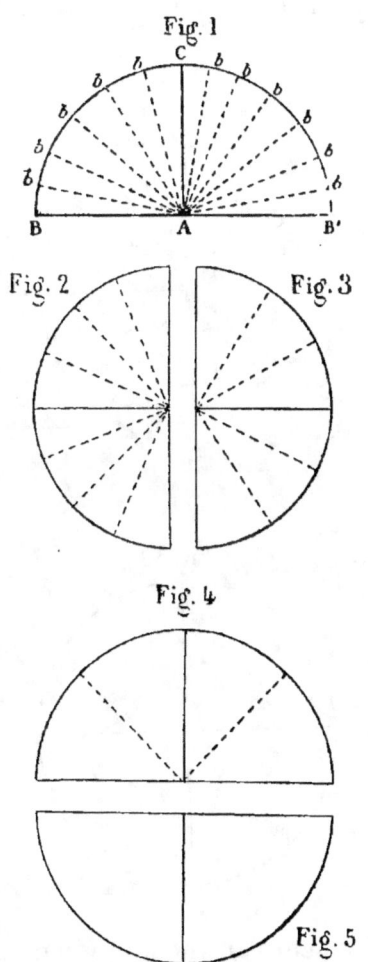

Commencez par établir une ligne droite B B' de la longueur que doit avoir le demi-cercle; divisez cette ligne en deux parties égales, et sur le milieu A élevez la perpendiculaire A C qui donne deux angles droits. Faites ensuite entre B B' autant de lignes A *b* que vous voudrez toujours en partant du point A, et reportez sur toutes ces lignes, aux points *b*, *b*, *b*, *b*, etc., la moitié A B de la longueur B B'.

La ligne courbe qui formera le demi - cercle B C B' doit passer par tous ces points *b*, *b*, *b,* etc., ce que vous vérifierez au compas comme pour le quart de cercle.

Exercez-vous ensuite à faire les figures 2, 3, 4, en diminuant graduellement le nombre des lignes et des points intermédiaires jusqu'à ce que vous arriviez à tracer un demi-cercle, en ne reportant qu'une seule fois la longueur A B sur la perpendiculaire A C, comme dans la figure 5.

DOUZIÈME EXERCICE

FAIRE UN CERCLE

Par le point A, figure 1, qui sera le centre du cercle, faites passer une ligne droite C D; croisez cette ligne perpendicu-

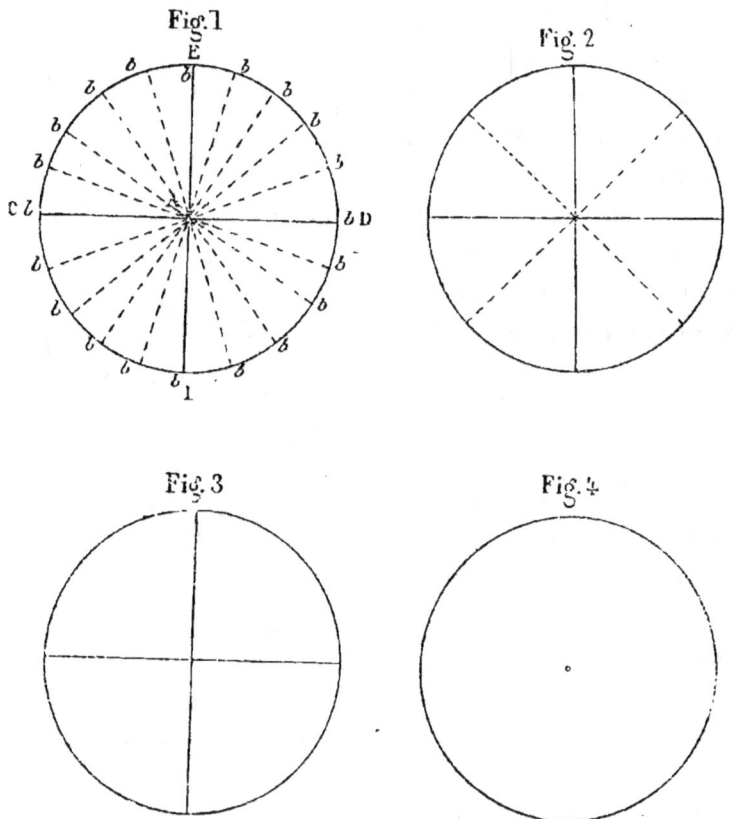

lairement par une autre ligne E F, ce qui donne alors quatre angles droits. A partir du point de centre, vous reportez sur les quatre lignes C, E, D, F, la moitié exacte de la largeur du cercle que vous voulez faire; puis, comme dans l'exercice précédent, vous tracez du point A autant de lignes que vous voulez entre ces lignes C, E, D, F, et vous reportez sur toutes ces lignes la même mesure en *b*, toujours à partir du point A, comme vous l'avez déjà fait sur les autres lignes, et vous tracerez alors la courbe extérieure du cercle appelée circonférence. Cette courbe doit passer par tous ces points *b*, *b*, *b*, etc., et par conséquent être à la même distance de son centre A; ce que vous vérifierez avec le compas.

A mesure que vous vous familiariserez avec cet exercice, vous diminuerez le nombre des points intermédiaires (*fig.* 2 et 3) jusqu'à ce que vous arriviez à tracer une circonférence sans autre point que le centre, *fig.* 4.

La ligne droite *a a'* qui passe par le centre *b* et aboutit à la circonférence, s'appelle *diamètre*.

La ligne *b b'*, qui va du centre à la circonférence, s'appelle *rayon*.

Le diamètre d'un cercle équivaut au tiers de sa circonférence, et le rayon équivaut au sixième.

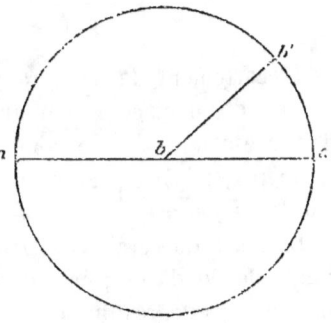

MESURE DU CERCLE

Nous avons obtenu le cercle en commençant par en faire le quart. En joignant deux quarts nous avons eu le demi-cercle, et deux demi-cercles réunis nous ont donné le cercle entier.

Maintenant nous allons diviser le cercle et nous servir de cette division pour mesurer tous les angles possibles.

Tout cercle se divise par rayons en 360 parties égales, qu'on appelle *degrés*.

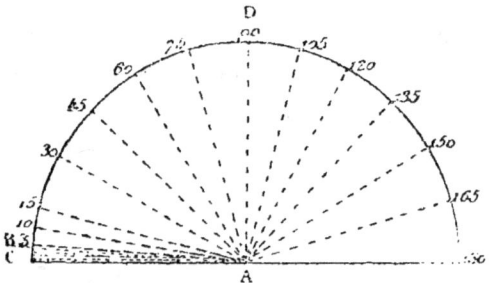

L'écartement de deux rayons d'un cercle correspondant à l'écartement des deux côtés d'un angle, mesure exactement cet angle. Ainsi, l'espace compris entre cinq rayons B A C correspond à un angle de 4 degrés, l'écartement entre les rayons C A et D A à un angle de 90 degrés, etc.

Le quart du cercle C A D, qui forme un angle droit, forme aussi un angle de 90 degrés; cela doit être, puisque 90 est le quart de 360, nombre des degrés du cercle entier.

Un quart de cercle partagé en deux parties égales donne donc deux angles de 45 degrés chacun.

En divisant en trois parties égales un angle de 45 degrés, on aura trois angles de 15 degrés chacun, et continuant la subdivision, on aura des angles de plus en plus petits.

D'après ce que nous avons dit en parlant des angles (exercice septième), un angle aigu a toujours moins de 90 degrés, un angle obtus a toujours plus de 90 degrés.

Au moyen de cette division du cercle en degrés, il n'est pas possible de commettre d'erreur dans l'énoncé de la mesure des angles, puisqu'un angle est toujours facilement mesurable, comme nous l'avons vu dans le septième exercice, et que l'on peut toujours déterminer exactement son ouverture, c'est-à-dire l'écartement de ses côtés, en rapportant cet écartement à la division du cercle.

Dans les opérations mathématiques, lorsqu'on a besoin d'une justesse extrême, le degré se divise en 60 minutes ('), la minute en 60 secondes (") et la seconde en 60 tierces ('''), etc. Mais ces petites divisions ne s'appliquent en général qu'à la géographie et surtout à l'astronomie. Elles s'expriment ainsi : 11° 1' 1" 1''', onze degrés, une minute, une seconde, une tierce, etc.

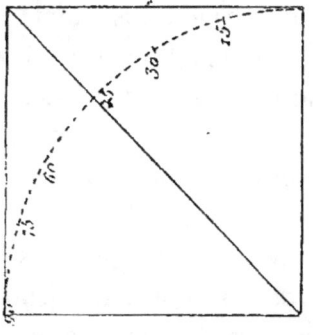

Il est facile de reconnaître un des angles les plus usités dans le dessin, c'est l'angle de 45 degrés, diagonale du carré parfait, puisque cette diagonale partage en deux parties égales l'angle droit du carré. Cet angle est celui dont on se sert dans les dessins d'architecture et de sciences pour indiquer les ombres portées.

EXERCICE COMPLÉMENTAIRE

ELLIPSE , COURBES IRRÉGULIÈRES

Toutes les lignes courbes n'ont pas le même caractère que celles du cercle. Il en est qui, bien que passant par des points rigoureusement en rapport entre eux comme sont les points d'une circonférence circulaire, ne peuvent cependant pas se déterminer avec le compas. Nous allons nous exercer à faire une de ces courbes en dessinant une figure nommée *ellipse* que ni la figure ni le compas ne sauraient tracer.

Nous savons que dans le cercle tous les points de la circonférence sont à égale distance du centre et que, par conséquent, tous les diamètres ont la même longueur. Il n'en est pas de même de l'ellipse.

L'ellipse a un grand et un petit diamètre. Mais comme sa circonférence est toujours en rapport avec ces deux diamètres, avec leur aide on peut tracer une ellipse régulière.

OPÉRATION.

Dans l'ellipse ci-contre A C B D, A B est le grand diamètre de l'ellipse, C D le petit perpendiculaire à A B, E le centre de l'ellipse.

Après avoir disposé les deux diamètres et bien déterminé leur longueur, pour tracer la courbe A C B D, on prend une carte ou un morceau de papier, *fig.* 2, dont la longueur *a' e'* soit la moitié du grand diamètre de l'ellipse. Sur le bord de cette carte on marque la moitié du petit diamètre au point *f*, distant de *a'* comme C est distant de E.

On ajuste cette carte sur la ligne A E, moitié du grand diamètre, de façon à ce que *a' e'* correspondent bien parfaitement

aux points A E. Puis on fait glisser ensuite son papier en ayant
soin que l'extrémité *e'* se trouve toujours sur la ligne E D et

le point *f* sur la li-
gne A E ; l'extrémité
a' décrira alors tous
les points intermé-
diaires *a, a, a, a,* etc.,
qu'on voudra entre
A et C.

Ainsi les cinq li-
gnes ponctuées *e' a'*
de la figure 1 marquent cinq positions différentes de la carte
figure 2 ; le point *f* étant toujours sur la ligne de la moitié
du grand diamètre du côté où l'on veut

Fig. 2.

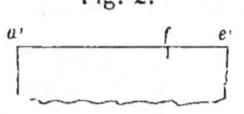

décrire la courbe elliptique, et le point *e'*
toujours sur la moitié du petit diamètre
opposé à ce côté, les cinq points *a, a,*

a, etc., seront autant de points par où devra passer la circonférence de l'ellipse. En répétant cette opération à chacun des
quarts on aura ainsi très-exactement autant de points qu'on
voudra par où devra passer la circonférence entière.

———

Par tous les exercices qui précèdent nous avons appris à faire
les figures les plus simples et en même temps les plus parfaites
de la géométrie. Nous sommes arrivés à une grande justesse
de main et nous avons pour ainsi dire le compas dans l'œil.

La première partie de nos études élémentaires est terminée.
Nous pouvons dès maintenant entreprendre soit le dessin ar-
tistique, qui mène à tous les arts, soit le dessin mécanique, dont
presque toutes les sciences et toutes les industries ont l'indispensable besoin.

DEUXIÈME PARTIE

DU TON

ET DE SES DIFFÉRENTES VALEURS DU NOIR AU BLANC

Il a été dit, dans l'introduction, que des lignes ne pouvaient rendre que les silhouettes des objets, mais que les différences de valeur des tons d'ombre et de lumière se dégradant du noir au blanc, nous donnaient l'apparence de leur forme réelle; et nous permettaient de distinguer une boule d'un jeton, un poteau rond d'un poteau carré.

Le degré d'intensité relative des tons donnés par les couleurs différentes nous permet aussi d'indiquer que le ton local d'un objet est plus ou moins foncé. Ces différences de tons sont facilement saisies par l'œil et il n'est pas nécessaire d'en donner l'explication.

Mais il n'en est pas de même des dégradations de ton motivées par les ombres et les lumières, et nous allons chercher pourquoi un objet en pleine lumière et d'une couleur parfaitement uniforme, comme serait une colonne blanche, peut présenter en même temps toutes les valeurs de ton du foncé au clair.

Pour bien comprendre ce dont il s'agit, il faut savoir comment la lumière arrive sur les objets et comment elle se comporte pour les éclairer. Une petite expérience très-facile va nous l'apprendre.

Dans une chambre dont les volets sont fermés de manière à empêcher la lumière d'y pénétrer, si l'on fait un petit trou au volet qui bouche la fenêtre du côté du soleil, on voit aussitôt un rayon lumineux pénétrer par ce trou, traverser l'espace en ligne droite et marquer un point rond, ou presque rond, très-éclatant sur le plancher, en même temps qu'une certaine quantité de lumière se répand dans la chambre.

Si l'on reçoit ce point éclatant sur un corps poli, comme un miroir, par exemple, on voit apparaître dans une autre partie de la chambre un autre point lumineux moins éclatant que le premier, et qui change de place selon l'inclinaison donnée au miroir. Ce second point dépend donc évidemment du premier; c'est ce qu'on nomme le reflet.

Ainsi, nous voyons par la trace lumineuse du rayon, que la lumière se projette en ligne droite, et qu'elle se reflète toujours en ligne droite, en renvoyant une partie d'elle-même pour aller éclairer un autre point que celui où elle arrive directement.

Si, au lieu du miroir, on se sert d'un objet mat afin d'observer plus facilement le point éclairé, on remarquera que plus le rayon tombe d'aplomb sur cet objet, plus le point éclairé est rond et lumineux; et que plus on incline cet objet pour que le rayon l'éclaire obliquement, plus le point éclairé s'allonge et moins il est volumineux.

Nous pouvons donc dire alors que : Un point, ou une surface est d'autant plus éclairé qu'il reçoit plus perpendiculairement la lumière; et il l'est d'autant moins qu'il la reçoit plus obliquement.

Nous pouvons aussi maintenant concevoir pourquoi une colonne qui est ronde, et qui par conséquent présente tous les degrés d'obliquité possible, peut donner en même temps toutes les valeurs de ton et de lumière depuis le blanc éclatant jusqu'au noir absolu. Une figure va nous le démontrer complétement, et pour que la démonstration soit plus facile nous choisirons une colonne à pans au lieu d'une colonne ronde.

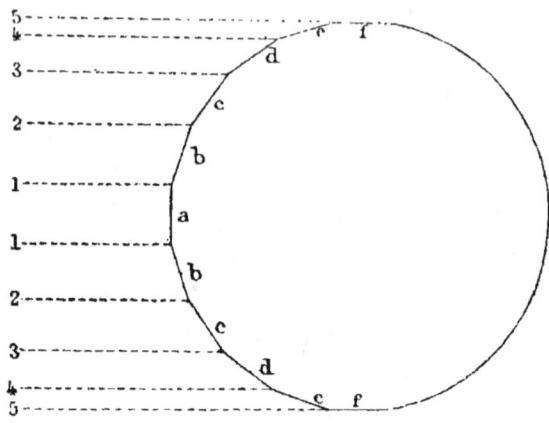

La masse des rayons comprise entre les deux lignes 1 et 1 éclaire complétement le pan *a*, puisque cette masse est tout à fait perpendiculaire à ce pan.

La masse comprise entre 1 et 2 éclairera le second pan *b*, mais moins que la première masse puisqu'elle n'arrive qu'obliquement sur ce pan *b*.

La masse comprise entre 2 et 3 éclairera moins encore le pan *c*, puisqu'elle arrive encore plus obliquement sur ce pan.

La masse comprise entre 3 et 4 éclairera encore moins le pan *d*, puisqu'elle arrive encore plus obliquement sur lui.

Par la même raison, le pan *e* sera encore moins éclairé; le pan *f* ne sera plus éclairé que par une lumière frisante, et enfin le reste de la colonne ne le sera plus du tout.

Cette démonstration et l'expérience qui la précède étant bien comprises, on peut se rendre compte de tous les effets de lumière, soit directs, soit par reflets, et par conséquent de toutes les formes et dispositions des plans ou surfaces. On sait en effet que les dégradations de la lumière sont des indications certaines du degré d'obliquité des points et des surfaces relativement à la lumière qui ne change jamais de direction, et l'on voit alors l'importance qu'il y a de rendre exactement toutes les valeurs de ton entre le noir et le blanc,

*ces différentes valeurs devant indiquer positivement l'inclinaison
relative des points, des plans et des formes.*

L'étude du ton se résume donc en ceci :

1° Faire un ton bien uni ;

2° Copier la valeur exacte d'un ton ;

3° Abaisser un ton de sa valeur la plus intense, comme le
noir absolu, jusqu'au blanc en passant par toutes les dégradations possibles.

PREMIÈRE SÉRIE

TEINTES PLATES

PREMIER EXERCICE

TEINTES PLATES AU CRAYON

On trace un carré long. On remplit cet espace avec des hachures, c'est-à-dire des signes tracés d'un seul coup de crayon, rangées les unes à côté des autres, en ayant soin d'appuyer également de façon à ce que les hachures ne soient pas plus foncées à une place qu'à une autre. Si l'on a besoin de mettre plusieurs rangs de hachures au-dessous les uns des autres pour remplir tout l'espace, il faut avoir soin qu'elles ne prennent pas l'une sur l'autre pour ne pas faire d'endroits plus foncés.

Lorsque tout l'espace est rempli, si la teinte n'est pas arrivée au ton qu'on désire, on repasse d'autres hachures en croisant un peu sur les premières, et lorsque la teinte est assez foncée, on la répare s'il le faut en renforçant par des hachures plus légères et des frotis les endroits où la teinte serait trop faible, jusqu'à ce qu'on soit arrivé au ton uni qu'on veut obtenir.

Plus une teinte est faite franchement et sans retouches plus son apparence est fraîche et agréable à l'œil, il faut donc éviter d'effacer.

DEUXIÈME EXERCICE

TEINTES PLATES AU LAVIS

On répète la même opération mais avec l'encre de chine délayée dans de l'eau.

On étend avec le pinceau une teinte que l'on prépare d'avance dans un petit godet.

On commence par le haut et à gauche, et l'on descend la teinte sans la laiser s'amasser par place ni se sécher sur les bords, jusqu'à ce qu'on soit arrivé en bas de l'espace qu'on doit couvrir.

Il faut avoir soin que le pinceau soit bien rempli de teinte, mais sans excès, pour ne pas courir le risque d'en laisser tomber des gouttes sur le dessin.

On raccorde la teinte après coup, s'il en est besoin, en repassant des teintes plus légères pour égaliser les parties trop claires, de façon à ce que partout la teinte soit de la même valeur de ton.

TROISIÈME EXERCICE

REPRODUIRE EXACTEMENT LA VALEUR D'UN TON

Lorsque vous serez arrivé à faire un ton bien uni, au crayon ou à l'encre de Chine, ayez le soin de garder les teintes les mieux réussies pour chercher à les imiter le plus exactement possible.

1° Quand vous devez reproduire un ton avec le crayon ayez l'attention de n'arriver que progressivement, c'est-à-dire d'ébaucher la teinte un peu au-dessous de la valeur du ton du modèle, et repassez de nouvelles hachures jusqu'à ce que vous ayez le ton voulu.

2° Pour reproduire un ton par le lavis, préparez la teinte dans un godet avec plus ou moins d'eau, et puis essayez-la sur un papier jusqu'à ce que vous soyez sûr de la valeur cherchée; vous passez alors cette teinte sur la figure que vous avez tracée d'avance de même grandeur que le modèle pour qu'on puisse confondre la teinte copiée et celle du modèle.

Ayez le plus grand soin de ne quitter ces exercices que lorsque vous saurez reproduire bien correctement une teinte très-unie et très-franche soit au crayon soit au lavis. Si vous êtes obligé de retoucher vos teintes, soit pour les unir, soit pour les amener au ton voulu, il faut que les retouches ne se voient pas du tout et soient perdues dans le travail du crayon, ou fondues dans les teintes aux lavis.

Gardez-vous aussi de *babocher*, c'est-à-dire de dépasser avec la teinte les traits du dessin, et ne pas non plus laisser du blanc entre la teinte et le trait, car, comme il a déjà été dit, la beauté de la teinte et l'agrément des dessins tiennent en grande partie à la franchise et à la netteté du travail.

DEUXIÈME SÉRIE

AUGMENTATION D'INTENSITÉ DU TON

MODIFICATIONS DU TON ET DE LA LUMIÈRE

Nous avons vu au commencement de cette seconde partie, qu'une surface éclairée était plus ou moins lumineuse, selon que l'angle fait par cette surface avec le rayon de lumière était plus ou moins direct.

Prenons une figure analogue à celle qui nous a déjà servi. C'est une colonne dont la moitié est divisée en huit parties égales représentant autant de surfaces planes numérotées 1, 2, 3, 4.

Nous savons que la lumière parcourt l'espace en ligne droite; ainsi les lignes A B contiennent l'espace occupé par tous les rayons lumineux qui viennent éclairer la colonne, et nous pouvons croire que la lumière étant égale partout, les rayons lumineux sont répartis également dans l'espace.

En divisant l'espace compris entre A et B par des lignes parallèles C D E F, partant des angles qui limitent chaque surface, l'espace compris entre chacune de ces lignes représente la quantité de lumière qui vient éclairer chacune des surfaces 1, 2, 3, 4.

Nous remarquons d'abord que ces écartements sont différents les uns des autres et qu'ils sont toujours moindres à mesure que les surfaces sont plus obliques relativement aux rayons lumineux.

L'espace C D contenant tous les rayons qui éclairent la sur-face 1 étant plus large que l'espace D E qui éclaire la surface 2, vu la plus grande obliquité de cette seconde surface, il est tout naturel que la surface 1 soit plus éclatante et plus

lumineuse que la surface 2, puisque n'étant pas plus large
l'une que l'autre, la masse de rayons éclairant la première
est plus grande que la masse de rayons qui éclaire la seconde.

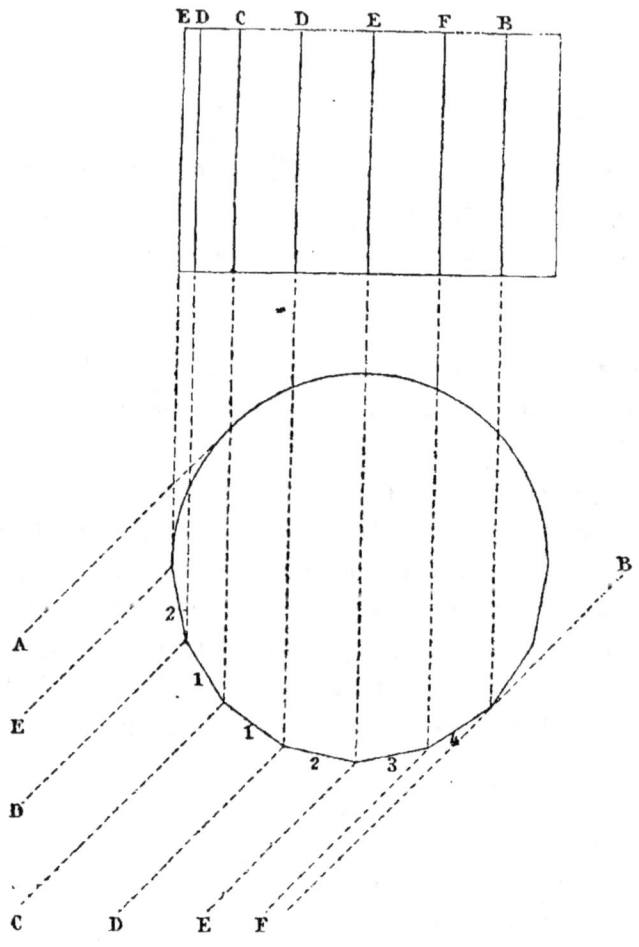

Par le même raisonnement, les surfaces 3 et 4 seront de
moins en moins éclairées puisque l'étendue des surfaces restant
la même, mais leur obliquité faisant qu'elles occupent de moins
en moins d'espace, elles n'ont de lumière que relativement à
la quantité de rayons lumineux qui viennent les éclairer.

Dans l'expérience indiquée au commencement de cette seconde partie, on a vu que l'obliquité d'un point ou d'un plan déterminait l'intensité relative du ton de ce point ou de ce plan ; maintenant on comprend pourquoi des surfaces de même étendue peuvent-être plus ou moins éclairées par la même lumière.

Essayons à présent d'exprimer ces dégradations relatives de lumière.

Le seul point éclairé directement dans notre colonne est l'angle C ; toute la partie de la colonne éclairée plus ou moins obliquement étant divisée en D E F, point ou commence la partie entièrement privée de lumière, nous avons les démarcations bien exactes des dégradations relatives des parties éclairées.

Si nous passons une teinte très-légère sur la colonne, en réservant seulement la ligne C, nous considérons cette teinte comme équivalente à la lumière éclairant la surface 1.

En repassant la même teinte à partir des lignes D, la valeur du ton de la surface 2 sera renforcée une fois relativement à la première et nous pouvons regarder l'élévation du ton sur cette seconde surface comme exprimant approximativement la dégradation de lumière entre 1 et 2.

Si nous passons une troisième fois cette même teinte à partir de la ligne E, nous aurons une augmentation de valeur du ton renforcé une fois de plus exprimant la relation de diminution de lumière entre 3 et 2.

En passant une quatrième fois la même teinte à partir de la ligne D, puis une cinquième fois à partir de la ligne F, nous aurons encore les dégradations successives de lumière et les augmentations de valeur de ton entre 3 et 4 et la partie d'ombre qui commence à 4 sera l'expression de ce ton absolument privé de lumière.

Lorsqu'il s'agit de surfaces planes comme dans l'exemple que nous prenons ici, il est facile de déterminer les points où commencent les dégradations successives de la lumière, mais dans une colonne toute ronde, par exemple, ces points ne sont plus aussi faciles à déterminer, puisque chaque point de la courbe a une obliquité différente ; néanmoins, nous avons compris que cette obliquité avait une relation progressive bien positive avec le ton, et nous allons chercher à nous mettre à même de pouvoir rendre cette progression.

Dans tout le reste des études, c'est au moyen du lavis qu'on apprendra soi-même à former les différentes valeurs de ton qui peuvent être obtenues par la superposition de teintes successives de même valeur, ou par la dégradation du ton.

Il faudra copier avec le crayon chacune des opérations qu'on aura d'abord faites au lavis.

QUATRIÈME. EXERCICE

On trace un carré long qu'on partage en deux parties égales ; puis on prépare dans un godet une teinte qu'on passe dans toute l'étendue de la figure ; lorsque cette première teinte est sèche, on en pase une seconde dans la moitié seulement. On a alors dans cette seconde partie une valeur d'intensité double de la première.

On fait ensuite un rectangle un peu plus long qu'on divise en trois. On passe la teinte sur toute la figure. Lorsquelle est sèche, on repasse la même teinte sur deux des parties ; et quand cette seconde teinte est sèche, on en passe une troisième sur une des parties qui en a déjà reçu deux. Alors on a le ton monté d'une valeur dans la seconde partie et de deux dans la troisième.

Dans une figure analogue divisée en quatre, on obtiendra par le même moyen un ton monté de trois fois sa valeur.

Ainsi, en divisant en cinq, le ton sera monté de quatre fois, et ainsi de suite, comme l'indique la planche de l'Atlas.

On copiera au crayon toutes les figures où l'on aura réussi à bien exprimer ces augmentations de valeur.

TROISIÈME SÉRIE

DÉGRADATION DU TON

CINQUIÈME EXERCICE

Les précédents exercices nous ont appris à donner plus d'intensité à un ton; dans celui-ci nous apprendrons à lui en donner moins. En d'autres termes, nous avons monté un ton du clair au foncé, ici nous allons faire le contraire et descendre du foncé au clair.

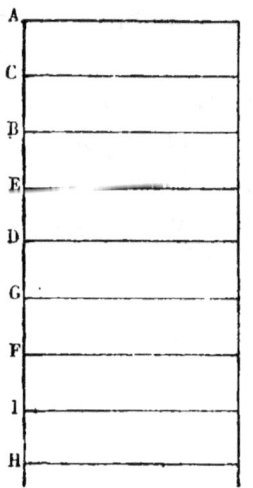

Supposez un carré long divisé transversalement en parties égales, à remplir d'une teinte dégradée progressivement.

Vous faites d'abord votre teinte que vous passez sur toute la largeur de la place à remplir de A en B, en ayant soin que cette teinte soit un peu en excès; vous agitez votre pinceau dans l'eau pour remplacer par de l'eau ce qu'il retenait de teinte; vous revenez avec le pinceau en cet état sur la teinte déjà passée en A B et que vous reprenez à la hauteur de la ligne C, puis vous redescendez jusqu'en D avec cette teinte affaiblie. Vous reprenez de nouvelle eau avec le pinceau et revenez à votre teinte à la hauteur de la ligne E, et vous descendez jusqu'à la ligne F la teinte affaiblie de nouveau. Vous lavez encore une fois le pinceau, et, le gardant toujours imbibé d'eau, vous revenez reprendre la teinte à la hauteur de la ligne G; l'eau du pinceau se mêlant avec la teinte l'affaiblit encore en la descendant jusqu'à la ligne H. Vous lavez de nouveau le pinceau et reprenez encore la teinte à la hauteur de la ligne I, et ainsi de suite jusqu'à ce que la figure soit achevée.

On comprend facilement que l'eau qu'on reprend dans le pinceau mêlée à l'excès de teinte resté sur le papier, affaiblit cette teinte de plus en plus et qu'en continuant ainsi on finit par dégrader un ton complétement et à le faire arriver jusqu'au blanc s'il en est besoin.

On répare une teinte dégradée, comme on répare toute autre teinte, par des rebouchages, des frotis et de légères teintes renforçant les parties trop faibles.

———

Nous voici à la fin de notre tâche. Par la première partie de la méthode nous avons appris à juger des lignes et des mesures et à les reproduire. Par la seconde, nous nous sommes appliqués à discerner les valeurs des ombres et à imiter ces valeurs; vienne maintenant le professeur de dessin ou de géométrie, et nous serons à même de profiter de leurs leçons et d'écrire pour ainsi dire ce qu'ils nous demanderont, puisque nous avons le moyen de voir, de comprendre et d'exprimer les formes qui se présentent à nos yeux, ou que nous avons dans l'imagination.

Nous saurons surtout comment il faut nous y prendre pour mettre un objet d'équerre avec un autre et faire un objet d'une juste longueur donnée, ce qui n'est toujours pas aussi facile qu'on le pourrait croire.

———

APPENDICE

CE QU'ON DOIT VOIR TOUT D'ABORD DANS UN DESSIN

Le sens ou la disposition des dessins[1] n'est point arbitraire. Tel dessin doit être disposé et vu dans le sens de la hauteur, tel autre dans celui de la largeur; ceux-ci obliquement ou à droite ou à gauche, tandis que celui-là pourra être disposé et vu n'importe en quel sens.

Dans la représentation des choses de la nature, comme des hommes, des animaux des plantes, d'une construction, etc., rien n'est plus facile que de voir le vrai sens d'un objet; mais cela ne l'est plus autant dans un dessin de pure fantaisie, par exemple dans l'ornementation par des simples lignes. Or c'est là ce qui nous reste à découvrir, car c'est la raison d'être et pour ainsi dire la vie même du dessin. Nous le comprendrons par quelques exemples. (Voir les planches A et B.)

Dans la planche A, les n°s 1 et 2 inspirent évidemment le sens de la ligne verticale l'un en descendant, l'autre en montant.

Les n°s 3, 4, 5, 6 inspirent au contraire le sens de l'horizontalité.

Les n°s 7 et 8 sont bien en sens oblique, l'un en montant, de gauche à droite, et l'autre en descendant.

Enfin le n° 9 peut être disposé soit de haut en bas, soit de bas en haut, soit même dans le sens de la diagonale.

Nous avons dit que les n°s 3 et 4 inspirent bien tous deux le sens de l'horizontalité, et cependant l'impression n'est pas la même, car le n° 3 semble aller de droite à gauche, tandis que le n° 4 a l'apparence de la stabilité parfaite. Dans les deux cependant règne la même disposition de lignes; seulement, dans le n° 4, le sens est interrompu à la moitié et mis pour ainsi

1. Le mot dessin est employé ici dans le sens d'ornementation remplissant une place ou un programme déterminé.

dire en équilibre par l'opposition des lignes de l'autre moitié, opposition qui établit en même temps la symétrie entre ces deux parties de l'ornementation.

Ce sens de la *ligne*[1], c'est-à-dire de la direction des formes, est bien important à observer, car c'est lui qui est l'expression de la raison, de la vie, de la stabilité du dessin lui-même. Nous appelons donc sérieusement l'attention des élèves sur ce point capital qui devra toujours les guider dans ce qu'ils auront un jour à faire. Une ornementation mal combinée peut détruire l'apparence qu'on voudrait conserver, et même quelquefois augmenter par la décoration. Un pilastre décoré par des lignes dans le sens de la hauteur (*fig.* 1, pl. B) semblera bien plus solide et plus stable que s'il était décoré par des lignes ondulées (*fig.* 2), ou des lignes brisées (*fig.* 3). On peut vouloir l'un ou l'autre de ces effets, mais on ne peut pas les employer indifféremment l'un pour l'autre.

Une dernière observation qui ne manque pas non plus d'importance, c'est que les diverses dispositions de formes exactement les mêmes comme dimension ne présentent cependant pas à l'œil le même aspect. Les figures nos 4 et 5 de la planche B sont de dimensions et de forme exactement semblable, et néanmoins l'aspect en est tout à fait différent. Il en est de même des *fig.* 6 et 7.

Mais n'empiétons pas sur les leçons du professeur de dessin, qui complétera ce que nous ne faisons qu'indiquer ici trèssommairement.

1. Dans les arts du dessin on emploie le mot *ligne* dans un sens général, qui veut dire *direction*, soit pour un ensemble, soit pour un détail ; ainsi on dit : la ligne de cette figure est en opposition avec cette autre ; la ligne des yeux est en opposition avec la bouche. Il en est de même d'un ornement.

FIN

PLANCHE A.

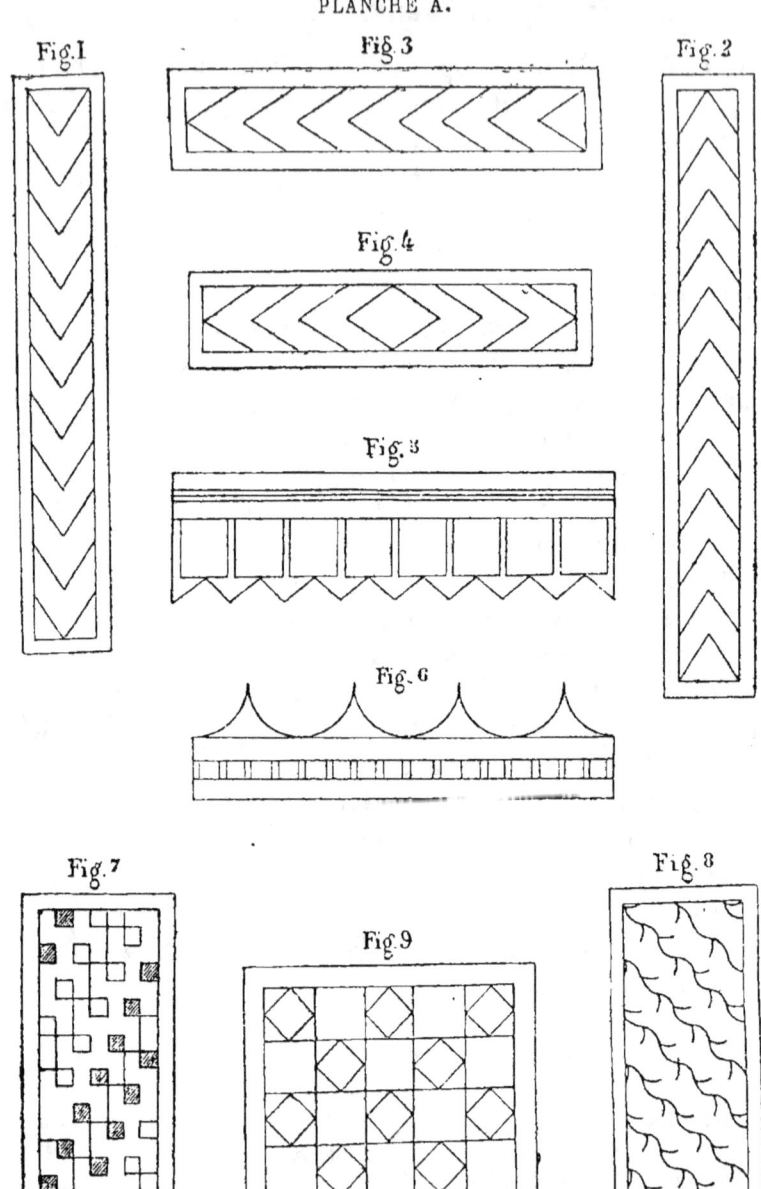

Fig.1

Fig. 3

Fig. 2

Fig. 4

Fig. 5

Fig. 6

Fig. 7

Fig. 9

Fig. 8

PLANCHE B.

Fig. 1   Fig. 2   Fig. 3

Fig. 4   Fig. 5

Fig. 6   Fig. 7

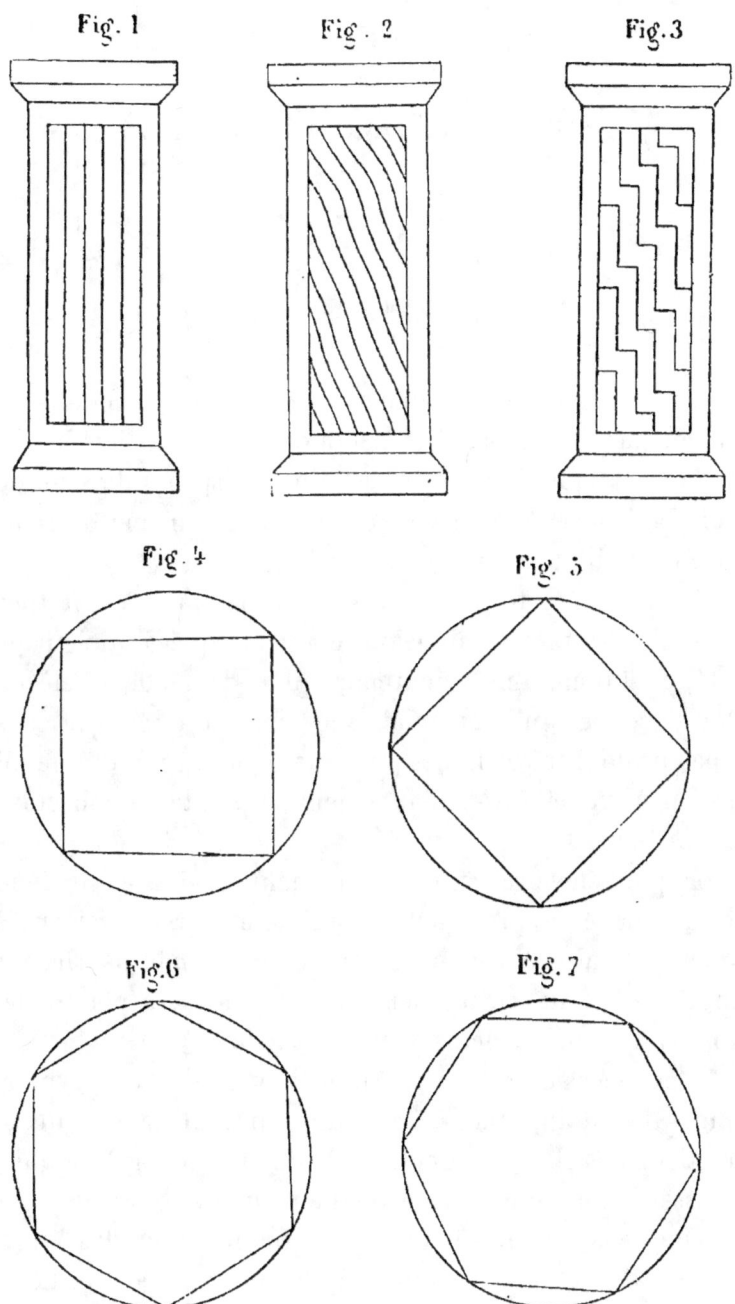

MÉTHODE ÉLÉMENTAIRE DU DESSIN

APPLICATION

Les modèles donnés comme exercices dans cette méthode ne doivent pas être considérés comme modèles de dessin, mais comme pratique d'une gymnastique indispensable, qui doit habituer l'élève à bien voir et le mettre à même de reproduire ce qu'il aura vu.

Effectivement, tous les traits, ou à peu près, étant tracés d'avance, et toutes les divisions étant marquées sur le papier réglé, c'est donc un simple report qu'on demande à l'élève. Il n'a à s'occuper qu'à reconnaître les lignes qu'il doit tracer; à ne pas prolonger ces lignes plus que ne le lui indique le modèle, et à mener très-attentivement la pointe de son crayon sur ces lignes.

Lorsque l'élève reproduira facilement ces dessins sur le papier quadrillé, le professeur les lui fera alors copier sur du papier ordinaire, en commençant bien entendu par les plus simples. C'est de ce moment que commencera pour l'élève l'application des principes de la Méthode.

Ces exercices étant, comme nous l'avons dit, une gymnastique qui doit apprendre à conduire un trait dans toutes les directions possibles, il est de la plus haute importance que le professeur exige que l'élève tienne toujours son papier dans le même sens devant lui, soit en dessinant le tracé des figures, soit en faisant les traits qui remplissent certaines parties de ces figures. Il faut aussi que ces petites lignes de remplissage soient bien égales entre elles pour que la teinte qu'elles doivent faire présente un aspect bien uni.

En dehors des figures créées pour l'application des exercices de cette Méthode, la plupart de ces modèles sont des imitations de dessins de tous les pays. Il y a des motifs Chinois, Persans, Égyptiens, Arabes, Gothiques, etc., etc. Quelques-uns de ces motifs ont déjà été reproduits dans des ouvrages d'enseignement; on s'en est servi néanmoins, parce qu'ils remplissaient parfaitement le but que se propose cette Méthode; enfin d'autres sont tirés des cartons du sous-bibliothécaire de l'*Union des arts industriels*, M. C.-E. Clerget, et je m'empresse ici de le remercier de la complaisance qu'il a eue de me permettre de m'en servir.

TABLE DES MATIÈRES

PREMIÈRE PARTIE

DU TRAIT

PREMIÈRE SÉRIE. — LES LIGNES

DEUXIÈME SÉRIE. — MESURES ET PROPORTIONS

TROISIÈME SÉRIE. — LES ANGLES

QUATRIÈME SÉRIE. — LIGNES COURBES

DEUXIÈME PARTIE

DU TON, DE SES DIFFÉRENTES VALEURS DU NOIR AU BLANC

PREMIÈRE SÉRIE. — TEINTES PLATES

DEUXIÈME SÉRIE. — AUGMENTATION D'INTENSITÉ DU TON

TROISIÈME SÉRIE. — DÉGRADATION DU TON

Paris. Imprimerie P.-A. BOURDIER, CAPIOMONT et Cⁱᵉ, rue des Poitevins, 6.

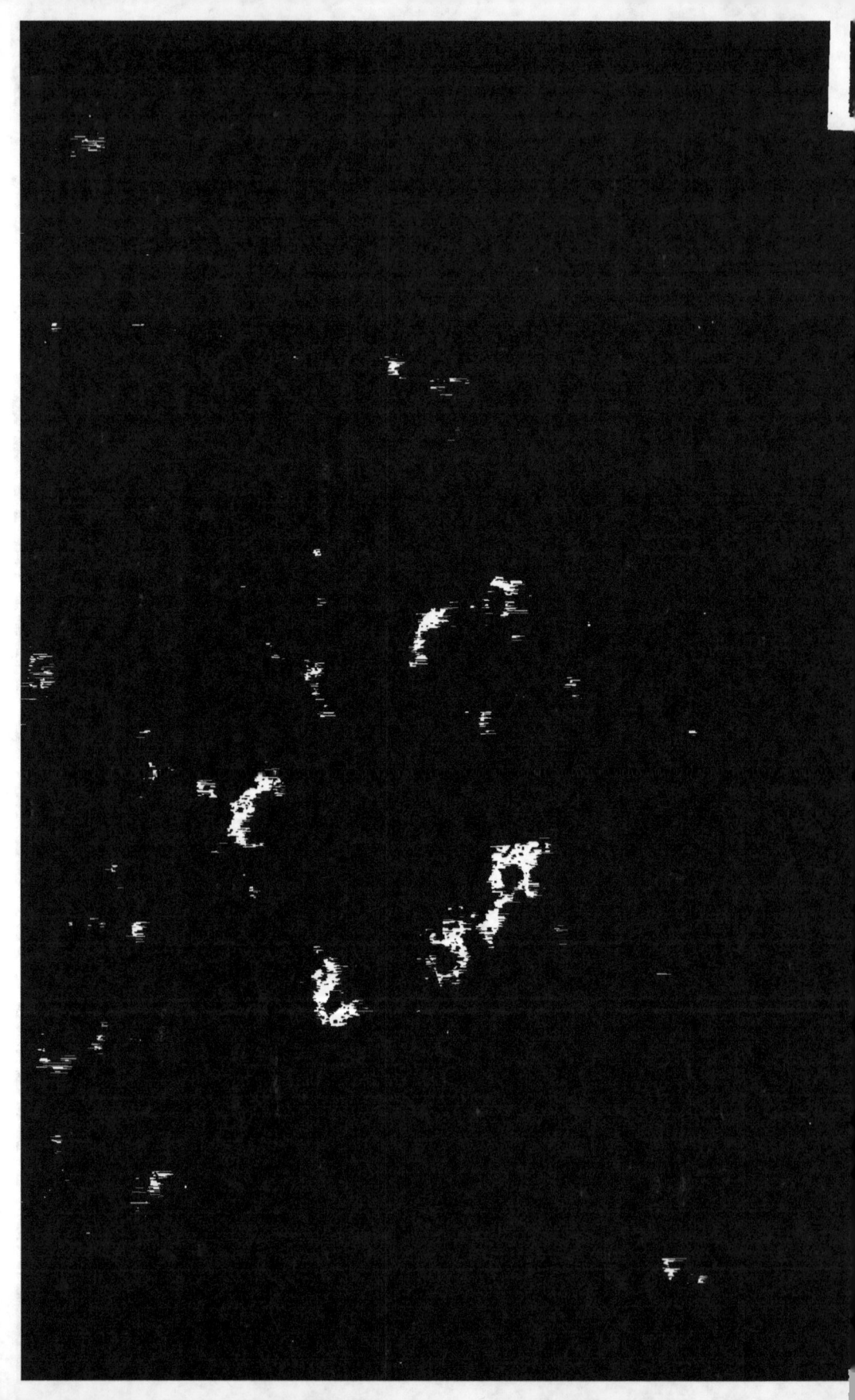